60

Genau das richtige Alter, um ...

60!

Alles Gute zu deinem Geburtstag!

Feiere deine 60,

die voller Charme, Selbstbestimmtheit, Humor, jeder Menge Lebenserfahrung, herrlicher Albernheiten und wunderbarer Aussichten steckt.

Mit 60 bist du weder zu alt noch zu jung – genau das richtige Alter, um …

… einzusehen, dass dir mit 60
ein bisschen mehr Ernst
gut täterätätäte.

**Nein, im Ernst: Hab Spaß
und lass dich feiern!**

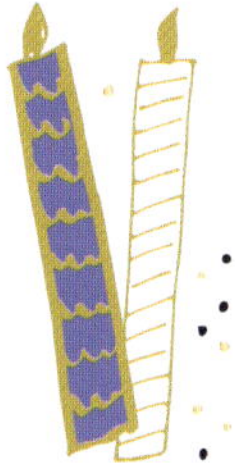

... einfach mal
das zu tun, was dich
glücklich macht.

... keine Zeit mehr zu haben. Für Überstunden.

... lieber im Meer zu baden,
als in Arbeit zu schwimmen.

... mehr Zeit mit Glücklichsein
zu verplempern.

... ein Optimist
zu sein, was alle
guten Prognosen angeht.

... ein Pessimist zu sein,
was die schlechten Vorhersagen
anbelangt.

… *inneren Frieden zu finden.*

Dafür braucht es in der Regel nur drei Wörter:

Nicht dein Problem.

... aus einer Mücke keinen
Elefanten (mehr) zu machen.

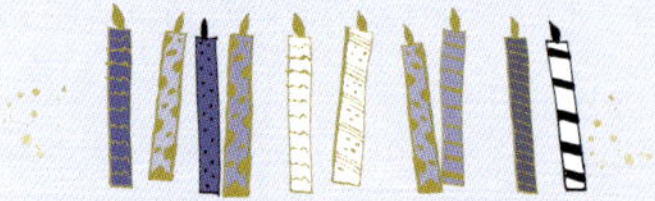

... trotzdem zu lachen!

... zu entdecken,
dass dir die 6 vorneweg
fantastisch steht!

... bald gar nichts mehr zu müssen.

Noch ein paar Jährchen durchhalten, dann
kannst du ganz offiziell sagen:
Ich bin dann mal weg! (Juhu, Rente!)

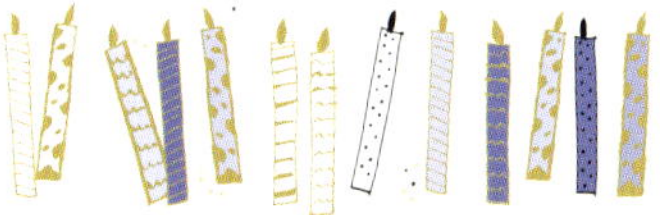

... dich zu verabschieden.

Vom Perfektionismus.

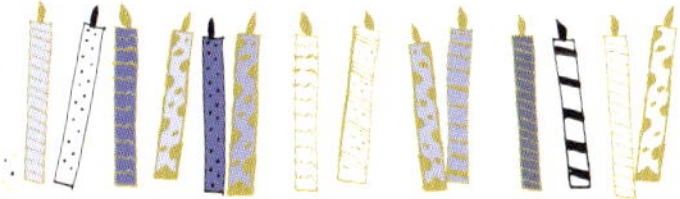

... zu merken:

Yes, you can!

… alte Freunde

zu treffen.

Gegen Sinnkrisen, Alltagskoller und sonstiges Unwohlsein. Wenn etwas hilft, dann deine Freunde! Und das Beste daran: Sie altern mit.

Du bist nicht allein!

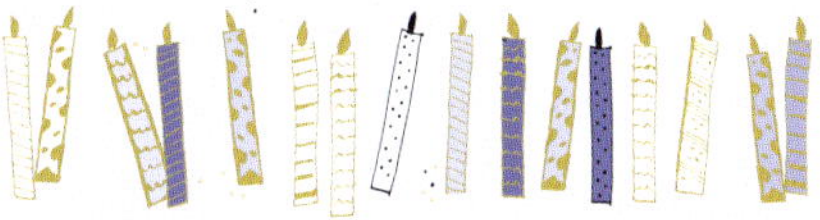

... auf nette Menschen

zuzugehen.

... zu erkennen, dass das Leben

nicht perfekt ist,

aber es Menschen gibt, die es perfekt machen.

… hin und wieder aus allen Wolken zu fallen.

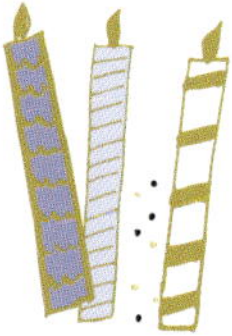

Überraschungen halten jung!

... zum Bahnhof zu fahren

und einfach

in den nächsten Zug zu steigen.

... wirklich guten

Wein zu trinken –

in Paris!

... *Selbstvertrauen einzuatmen, Zweifel auszuatmen.*

Ha! 60 Jahre Selbstbewusstsein lassen sich nichts mehr so leicht vormachen. Du äußerst frei deine Meinung.

Das tut gut!

... mal anders zu denken,
wenn die Dinge
nicht so laufen wie du denkst.

... eine Pflegezusatzversicherung
abzuschließen.

... ein Kompliment
geschenkt zu bekommen.

... einen (heimlichen)
Lieblingsplatz zu haben.

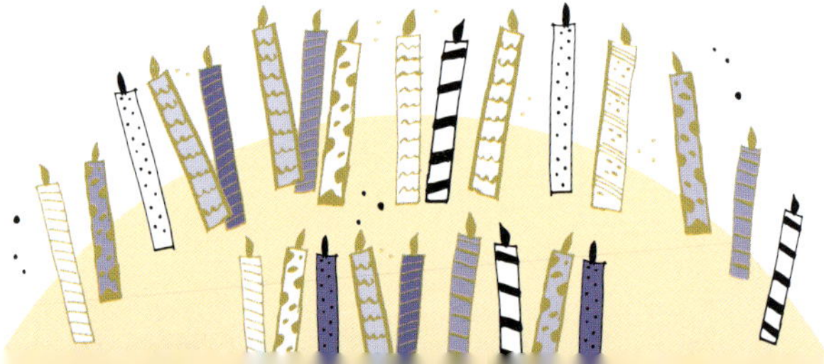

… auf den Spuren

deiner Kindheit zu wandeln.

Besuche spontan die Orte der Kindheit oder versuche über Internetportale, an Kontakte von früher anzuknüpfen.

… deine Lieblingsband
live zu erleben.

… eine eigene Tradition
ins Leben zu rufen.

… Frieden zu schließen.

Mit dir selbst,
kleinen Alterswehwehchen
und grauen Haaren.

… etwas Neues zu lernen.

Von Schach bis Fingertwist –
alles ist möglich.

... einen genialen Zaubertrick

zu beherrschen.

... vielleicht eine WG

zu gründen.

... mit kleinen Taten
die Welt zu verändern.

**... dich für eine gute
Sache einzusetzen.**

… einfach

zu machen!

Man bereut im Leben immer die Dinge,
die man nicht getan hat.

… herrlich
zynisch zu werden.

Angesichts von Kaffeefahrten
und Seniorenkatalogen.

… immerhin

Seniorenrabatt

einzustreichen.

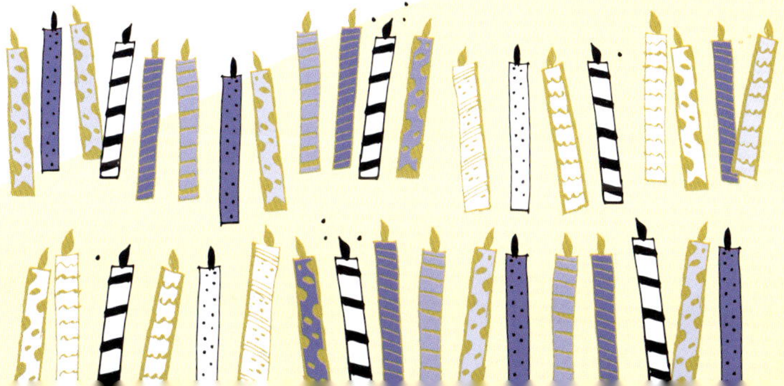

... das zu tun, was du schon immer einmal tun wolltest.

Einen Sommer auf der Alm verbringen, Polarlichter bestaunen, den Jakobsweg gehen – die richtige Zeit ist immer jetzt.

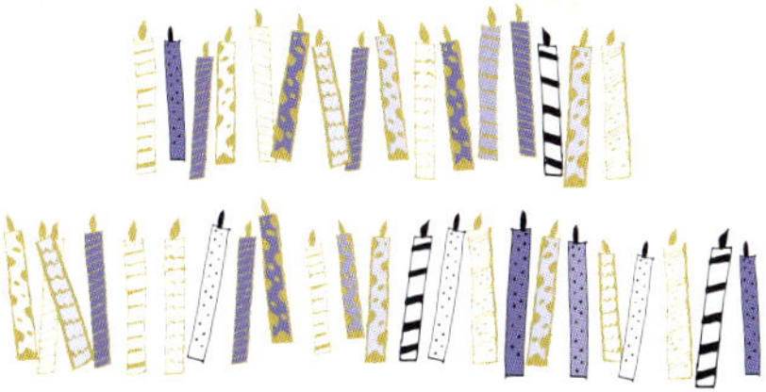

… Schluss zu machen!
Mit halben Sachen und
faulen Kompromissen.

... ab und zu über alle Berge zu sein.

... dich für etwas zu begeistern.

So richtig. Vom Kopf bis zu den Zehen.

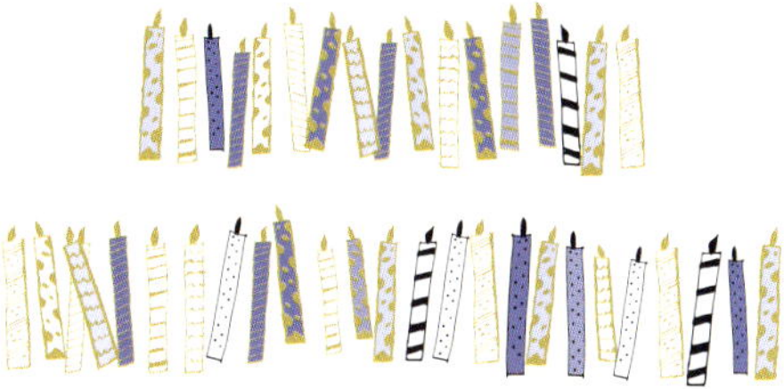

… hin und wieder

deine Komfortzone

zu verlassen.

Denn für Veränderungen ist man höchstens
zu ängstlich, aber nie zu alt.

... Zeit mit Kindern zu verbringen, womöglich mit den eigenen Enkelkindern.

... zu lieben, lieben und nochmals zu lieben.

… zu flirten.

Ein kleiner Flirt beschwingt
und du fühlst dich gleich
10 Jahre jünger.

… deine
Lebensgeschichte aufzuschreiben.

… auf einer
Schreibmaschine
zu tippen.

So schön nostalgisch.

… einen Song zu hören
und sich an tausend Dinge
zu erinnern.

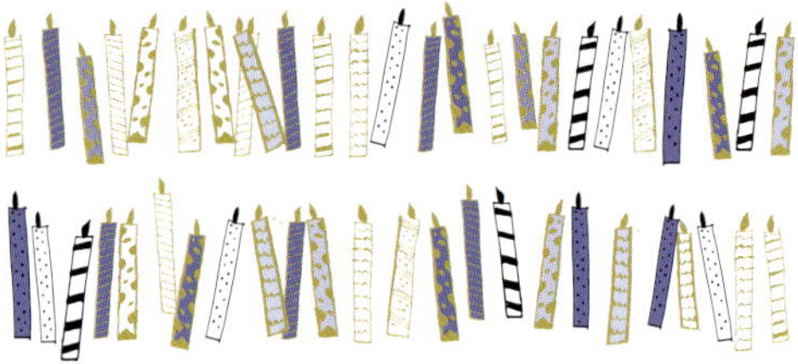

… zu erkennen, dass die 60
gar nicht so übel ist.

… *dorthin zu gehen,*

wo der Pfeffer wächst.

Den Winter dort verbringen,
wo es schön warm ist:
auf Sri Lanka vielleicht oder
in Malaysia …

... nicht erst mit 66

anzufangen zu leben.

Mit 66 Jahren, da fängt das Leben an?
Quatsch mit Soße,
Leben ist immer!

... ein (zweites) Studium

zu beginnen.

... ungeniert Rücken

zu haben.

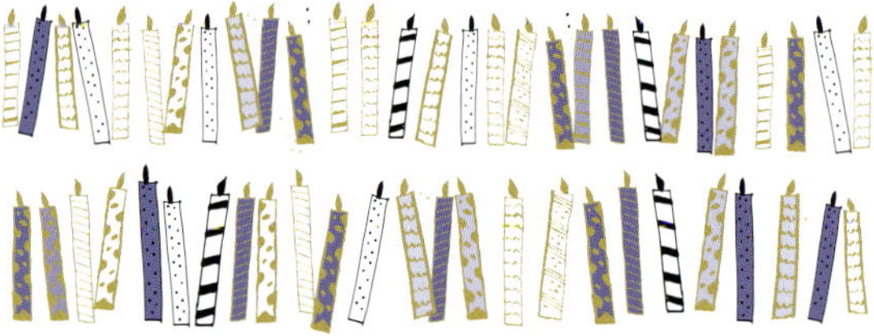

... zu sagen:

Ich mach mir die Welt,

wie sie mir gefällt.

... auf der Vespa durch

Apulien

zu düsen.

... spektakulär und fantastisch

normal zu sein.

... dir (selbst)

etwas zu gönnen.

… keine Lust mehr
zu haben.

Auf Verjüngungskuren oder
Kohlsuppendiäten.

… alt genug zu sein,
um es besser zu wissen,
jung genug zu bleiben,
um es trotzdem zu tun!

… dich Hals über Kopf

in deine Swinging Sixties und Wilden 60er zu verlieben!

Bildnachweis: Cover und Innenteil: Shutterstock.com

Text: Tina Herold
Cover und Layout: Christin Bussemas Ampersand loves
Satz: Petra Schmidt Grafik Design
Gesamtherstellung: AZ Druck und Datentechnik GmbH, Kempten

Aus Verantwortung für die Umwelt hat sich die Verlagsgruppe Droemer Knaur zu einer nachhaltigen Buchproduktion verpflichtet. Der bewusste Umgang mit unseren Ressourcen, der Schutz unseres Klimas und der Natur gehören zu unseren obersten Unternehmenszielen.

Gemeinsam mit unseren Partnern und Lieferanten setzen wir uns für eine klimaneutrale Buchproduktion ein, die den Erwerb von Klimazertifikaten zur Kompensation des CO_2-Ausstoßes einschließt.

Weitere Informationen finden Sie unter:
www.klimaneutralerverlag.de

60 - Genau das richtige Alter, um ...
GTIN 978-3-8485-0133-5

www.geschenkverlage.de

FSC www.fsc.org
MIX
Papier | Fördert gute Waldnutzung
FSC® C008457

1 2 3 4 5